Todos los libros de Linkgua Ediciones cuentan con modelos de Inteligencia Artificial entrenados por hispanistas. Pregúntale al chat de tu libro lo que desees acerca de la obra o su autor/a.

Para **ebooks:** Accede a nuestro modelo de IA a través de un enlace.

Para **libros impresos:** Escanea el código QR de la portada con tu dispositivo móvil.

Obtén análisis detallados de nuestros libros, resúmenes, respuestas a tus preguntas y accede a nuestras ediciones críticas generativas para una experiencia de lectura más enriquecedora.
La transparencia y el respeto hacia la autoría de las fuentes utilizadas son distintivos básicos de nuestro proyecto. Por ello, las respuestas ofrecen, mediante un sistema de citas, las fuentes con las que han sido elaboradas.

Omar Pérez

Conservación del instinto

Barcelona 2025
Linkgua-ediciones.com

Créditos

Título original: Conservación del instinto.

e-mail: info@Linkgua-ediciones.com

Diseño de cubierta: Michel Mallard.

ISBN audiolibro: 978-84-1076-686-0.
ISBN ebook: 978-84-1076-649-5.
ISBN IA: 978-84-1076-685-3.
ISBN rústica ilustrada: 978-84-1076-650-1.
ISBN tapa dura: 978-84-1076-651-8.

Sumario

Créditos 4

Brevísima presentación 9

Selfie 11

Protestar no es una cura 13

Virtuosos los virtuales 15

Notas para una poética 17

Vals 19

Manual para Bufones 21

Una visita al zoológico 25

3 jerigonzas 27

Reguetón 29

Tango 31

Rumba 33

Consideraciones sabatinas 35

Receta d Navidad 37

El zoológico revisitado 39

Sonetos en lingua franca 41

Oasis 61

¿Cómo no matar a Pasolini? 63

El karma se pone d pinga 67

Rebelión y revelación 71

Write or Wrong 73

A la manera del I Ching 75

Revolver no es innovar ni agitarse es crecer 77

Carta d motivación/Motivation letter 79

Historia Antigua (cha cha cha) 81

Política 83

Exportación 87

Balada 89

Me refiero 91

En cuanto a mí 93

Forma y contenido 95

Acere ego 97

El lado oscuro d la sexualidad y otros aspectos luminosos d la civilización 99

Teología 101

Q t vaya viernes 103

Un espléndido malumor. Rumba sinàptica 105

No tengo musa 107

Brevísima presentación

Conservación del instinto de Omar Pérez, es un caleidoscopio poético que entrelaza lo lúdico, lo crítico y lo filosófico en un mismo registro. Este poemario revela un ejercicio de reflexión profunda sobre temas contemporáneos y atemporales como la identidad, el lenguaje, la política y la decadencia cultural, sin renunciar al humor y a la ironía como herramientas críticas.

Desde el poema inaugural, «Selfie», Omar Pérez desafía las convenciones poéticas con una voz que mezcla lo autobiográfico con una mirada irónica hacia la humanidad. Su lenguaje es deliberadamente híbrido, jugando con la plasticidad del idioma y explorando los límites entre lo elevado y lo coloquial. Este enfoque se refleja también en poemas como «Manual para bufones» y «Virtuosos los virtuales», donde el autor examina el impacto de la tecnología y la virtualidad en la vida contemporánea.

Conservación del instinto destaca por su uso innovador del lenguaje, en el que se entrelazan registros diversos y una métrica irregular que favorece la fluidez y la espontaneidad. Esta experimentación no se limita a la forma, sino que se extiende al contenido, abordando temas universales con una perspectiva profundamente personal y, en ocasiones, polémica. Textos como «El zoológico revisitado» y «Cómo no matar a Pasolini» son ejemplo de una crítica incisiva que no teme explorar terrenos incómodos.

Omar Pérez no solo escribe poesía; articula una crítica cultural que cuestiona paradigmas establecidos. En «Notas para una poética», el autor reflexiona sobre el estado actual de la poesía, proponiendo un regreso a lo esencial: el ritmo, el sonido y la autenticidad. En «El karma se pone de pinga», aborda con humor negro y sátira las contradicciones del capitalismo global y las dinámicas coloniales subyacentes.

Selfie

Soy un animal, mi nombre artístico es omar
en julio como en enero me alimento d sancocho
soy sancocho, mi nombre artístico es 640219
como el pulpo, me escondo tras un chorro d tinta:
literatura, dime l'altura, mide l'hartura
soy infantil, vuelo en clase económica
como los gorriones, aunque a ellos les resulta
mucho más económico
no me avergüenza pertenecer al reino d los primates
aunque algunos primates se avergüencen d mi
si bien algunos cerdos se asombran d mi presencia
me presento sin asombro en el reino d los cerdos
si bien algunos perros ladran tras la cerca
atravieso la cerca sin ladrar
me adentro en el parque temático d mi naturaleza
soy un animal, mi delito es 640219
una hormiga es más pequeña q la identidad
y más concreta q el museo d ciencias
q ocupa un rincón d mi cerebro obsoleto
el animal 640219 toca la rumba en desacato
a las normas d la concordancia
cadencia sin fragancia, tolerancia sin paciencia
somos un animal, nos damos cuenta?
Esto no es un poema acerca d primates
q viajan en primera clase, d dios en dios
d 2 en 2 son 4.

En el museo d todos los museos
está guardada la conciencia humana.

Protestar no es una cura

Protestar no es una cura. Es un síntoma. Como la fiebre, la tos, el vómito, con los cuales guarda no pocas semejanzas.

Reprimir la protesta, tanto como auto-reprimirla, es contraproducente desde el punto d vista d la curación: es un acto d barbarie. Quien pretende eliminar los síntomas para mostrar q la enfermedad no existe, no es un agente curativo; es un aliado d la enfermedad.

Pero quien, al protestar, confunde síntoma y cura, también se alía con la enfermedad, la prolonga y la transmite.

Qué hacer entonces, preguntaría un sintomático, ocultar el dolor, sepultar la vergüenza? En modo alguno, ya se ha dicho: fiebre, tos y vómito existen y cuando existen deben, a tiempo, revelarse.

Cuál es entonces la cura? No lo sé. Es más, no existe cura universal alguna. No hay panaceas ni antídotos. Solo hay calmantes, es decir, compensaciones.

Sin embargo, cuando se deja d confundir la cura con el síntoma, la curación tiene, finalmente, un motivo para aparecer. El q busca encuentra, cierto. Más cierto aun: quien deja d buscar, encuentra.

Por último: en este mundo no hay uno solo q no esté enfermo. No hay una sola cosa q no esté, ya, en peligro d morir. Desconfiad, pues, d la autoridad d los asintomáticos.

No escribo con arreglo a género alguno
se me puede llamar un escritor “degenerado”.

Virtuosos los virtuales

Virtuosos los virtuales
los q no tienen (porque tienen)
viscosos los vitrales:
el muro, la página q tienen
(porque no tienen) hablando en jergas
regionales dialectos sepulcrales
vistosos los totales, los supertales e hipercuales
hablando en lenguas digitales
(como pathos pascuales?) Y se van
vidriosos (porque tienen, porque no tienen)
por ramales d real politik, a los portales
lluviosos d lágrimas rituales, quasi genitales!
Brillosos son los terminales
del nanoturismo a la sexy discusión
sobre fractales, como nos gusta hablar
sobre fractales!, rumiando ruinas
cagando pedestales.

Virtuosos los virtuales
los q no pueden dejar d tener o no tener
ni paran d hablar d lo q tienen o no tienen.

Notas para una poética

Ayer leía, en uno d los corredores del Hotel Facebook, una frase d Wislawa Szymborska, "el poeta nace con oído". Debemos tomarla cum grano salis, o literal y dramáticamente en serio? Cómo considerar entonces a quienes escriben poemas sin tener en cuenta el ritmo y la melodía del verso? Hoy habría q volver a un punto cero d la escritura poética para comprender qué es poesía y qué es poeta, cuando lo q suele hacerse, en realidad, es rallar poesía, como parmiggiano, sobre la vasta cazuela d la literatura.

Antes, mucho antes q los reguetoneros, los escritores d poemas se dieron cuenta d q era posible tener éxito sin cultivar la sensibilidad musical. No por gusto Dylan Thomas llama a nuestra época "la era de la muerte del oído".

Una buena parte d aquellos q escriben poemas, los publican en libros y ganan premios, no se guían por el oído sino por el costado intelectual d la inteligencia, por los dictados del ego y por los patrones d la cultura establecida; esa práctica, q da por sentado q la poesía es un género literario, tiene como resultado q muchas d esas personas no puedan leer poemas con entonación propia sino q reproduzcan algunos d los sonsonetes aprobados, consciente o inconscientemente, por la colectividad.

Esos tonos recuerdan aquello q Debussy, al referirse a la orquesta sinfónica, llamaba "el ronroneo de la industria". Esa cultura d micrófono y vaso d agua, d presentación d libros y sillas d aluminio, esa cultura del prestigio y el curriculum tiene poco q ver con la poesía y nada q ver con el oído. Es una empresa d letrados.

Quede claro q no hablo d rima ni d métrica, el ritmo y la melodía tienen la potencialidad d rebasar cualquier estructura; en realidad, son genuinos generadores y traductores d estructuras. Y en cuanto al llamado verso libre, el único verso libre q conozco es el q se ha liberado d la egolatría y del pensamiento puramente intelectual. Pues existe un pensamiento en el cual ego e intelecto no reinan sino q son meros servidores del sonido. Esperemos q los poetas acaben d abandonar la cueva d Platón y el aula d Aristòteles y vayan al océano d los sonidos. Tal vez aprendan a tararear el universo.

Vals

La guerra justa, la mentira piadosa
la sana envidia, las buenas intenciones,
las malas compañías, la muerte accidental,
la vida accidentada, los amores fatales,
lo sobrenatural.

Querer es poder cuando se puede
querer es poder cuando se puede querer.

La visión d futuro, los agujeros negros,
las estrellas fugaces, horóscopo y big bang,
el calendario azteca, la profecía maya,
los mundos paralelos, el sagaz multiverso
se pasó d la raya.

Querer es poder cuando se puede
querer es poder cuando se puede querer.

El pasado perfecto, el presente supuesto
d lo mejor posible al menor d los males,
patrimonio intangible del puede ser peor,
no olvides q la obra comienza cuando Hamlet
percibe un mal olor.

Querer es poder cuando se puede
querer es poder cuando se puede querer.

Manual para Bufones

"P. Por qué te pones tan serio cuando vas a hacer chistes?

R. Para que me presten atención y oigan lo que voy a decir."

Guillermo Álvarez Guedes en entrevista con José Antonio Evora

Hay q estar vivo para poder morir
para desaparecer, estar presente
es la solución más transparente
hay q estar vivo para poder vivir
la sexy sed sedienta d estar vivo.

Aun sin saber d qué se trata
aun sin saber quién está vivo
(realmente, hay q estar vivo para poder saber
para saber poder y saborear
el no poder, la impotencia d saberse vivo)
hay q saber morir para estar vivo.

Para seguir viviendo hay q estar vivo
hay q seguir viviendo para seguir viviendo
acaso media muerte basta para morir
entonces, cómo media vida puede ser suficiente.

Finalmente acudiré al criptoburdel
y pagaré en criptopoemas
a distancia prudencial del umbral d la prisión
entonaré el himno d mi raza: “La cucaracha”.
Y hasta parece q estoy en la Havana!
Bienvenidos DJ’s, bienvenidas curadoras,
emprendedores, empoderadoras,
bienvenido Aedes Aegypti, bienvenida Borrelia,
no hagan caso del cartel “NO MOLESTE”, pero tampoco molesten.
Amo a mi prójimo como a mí mismo
aunque no use los mismos materiales.

Un payaso nunca dice q no
un payaso nunca dice nada (propiamente dicho)
payaso es el mejor d los insultos (acompañado d gotas d saliva)
payaso es el universo sin disfraz
(suspiro d alivio): el universo es apolítico!
Un golpe d dados abolirá el Mallarmè Fútbol Club
una nada q es algo: ridi pagliaccio
un ser para la muerte: ridi pagliaccio
una teoría, una praxis, una panacea: ridi pagliaccio
LOS INTERESADOS EN OPTAR POR ESTA OPCIÓN
NO DEBEN ESTAR VINCULADOS AL DEPORTE.

Quien tiene hambre no precisa d aperitivos
así como el hambre puede trastornarnos
podemos trastornar el paradigma.
Si más q un individuo, una molécula
si más q una persona, una fisión
si en vez del umbral, la doble puerta
entre los entreactos, no hay acción?
He aquí q mi supuesta vida es entreactos
ayuno inducido, inanición del ser
cuando la melodía se harta d silencios
el menú es claro, comer o no comer.

La esperanza es siempre algo pequeño
cómo podría crecerse y confrontar
un error descomunal sin convertirse
en error comunal.
La esperanza debe ser algo pequeño
cómo podría crecer y competir
con un horror descomunal
sin convertirse en horror comunal.
La esperanza ha d ser algo pequeño
si es pétalo, romerillo
si es agua, en gotero
astilla si es madero
continente: bolsillo
contenido: cero
un uno por delante, no dos, ni uno y medio
un uno solo, y todos los ceros lo persiguen.

Una visita al zoológico

Y fuimos al zoológico. Evitamos criticar con la severa superficialidad típica d aquello q suele criticarse: estado, gobierno, gente. Evadimos la tentación d señalar responsables en todas direcciones, menos en la propia; así como ahora esquivo la retórica descarga q comienza por decir "no voy a mencionar aquí..." y prosigue enumerando todos los huecos negros en un panorama oscuro d por sí: el cautiverio. Una excepción, en el estanque d aguas verdosas donde navega un pato, flota también una lata d "refresco", y otra y otra. Como en el mar, el rio, la laguna, la acera, el parque, en fin, en todas partes.

Cuál es esa especie d tan ostentosa distracción q viene al zoológico a distraerse? La llaman humanidad, término hoy discutido, o "el hombre", término más discutible aun.

Los zoológicos, del tipo q sean han d cesar d existir si el humano desea convertirse finalmente en humano, alcanzar, como dice Lezama, "su definición mejor". Debe dejar d construir zoológicos y d hacerse el zoólogo para ser, en sí mismo, zoo y logos. Animal y razón, sin tragedias, sin hipocresías.

3 jerigonzas

Reguetón

Viento aspa   sin aspaviento
cae raspa   d lo q siento
caspa soy?   en movimiento
la ley d la gravedad sopesa todos los fundamentos
la relatividad trasciende todo lo trascendente
las canciones se mecen en la conciencia
como piedras-reverso d la corriente
las canciones no se rompen tan fácilmente.

Y si un imperativo antropológico
puede definir este reguetòn
no es la excepción d la regla
es la regla d la excepción.

Viento aspa   sin aspaviento
cae raspa   del sentimiento
la música define al silencio q no se define
una jerigonza vale lo q se determine
las canciones se estiran en la conciencia
como cuerdas al brazo d lo existente.

Y si un imperativo antropológico
puede definir este reguetòn
no es la excepción d la regla
es la regla d la excepción.

Tango

Mundo microbio circunferencia trasto
empuje cuesta arriba relajo cuesta abajo
ancestros bacteriales, factor d virulencia
formación d valores, milagro en transferencia
cooperación promiscua, verbo en supervivencia
y un empeño espectral, un quid d resistencia
domina los pareados, un dominó d frases
un cauce controlado, un rio tartamudo
discurre en la promesa d la comprensión.
Acaso controlados por la comunicación?
Siquiera acelerados por la masturbación
d un espíritu santo en santa introspección?
Mundo microbio, en tantas tropelías
nos jugamos la plata d la profecía
a cambio d plomo en vana transición,
oh mundo medio hermano, feto fosilizado
embrión d canciones, estatua en envión,
si la nada magnética me donara la vida
para morirte absortos en tu disolución.

Rumba

Equilibrar la balanza
y alternar el contrapeso
es exceso d confianza
o confianza en el exceso.
Por eso
el equilibrio procede en la ilusión más sagrada
estática contaminada, terremoto imperceptible
movimiento indivisible, intimación ondulada
q pretende estar en pie entre la esencia y la nada
volcada
sin miramientos d merma o sobrepeso
por eso
equilibrar la balanza
fantástica del proceso
es exceso d confianza
o confianza en el exceso.
Estribillo:
la vía del medio es
dos extremos y un regreso
es exceso d confianza o confianza en el exceso.

Consideraciones sabatinas

Cómo es posible q un día tan bonito
pueda albergar un mundo tan corrupto?
El despertar d ángeles y monstruos
una piedra d escándalo infinito
es pedestal para un silencio abrupto.
Esa marcha d nubecillas amorales
confirma q no todo está prescrito
ni el viento tiene deberes y derechos
ni el cielo tiene deudas con la tierra.
A todo falta un algo, si así no fuera
habría un algo solitario q resumiera todo
y si ese algo es un dios o un universo
cómo adorarlo sin separarse d todo al mismo tiempo?
Hacer silencio? Qué idea tan inútil
el silencio está ya enteramente hecho.
Cuando era joven, un crítico escolástico
(todos lo son) comentó q a mis versos faltaba ese hilo
q todo lo conecta, y mencionó a Aristòteles.
Todo, todo, todo y todos, qué hay d la nada?
Qué hacer con el vacío? Al menos esto aprendí:
cortar el hilo hasta llegar al carretel.
Aquel q está "d espaldas a la realidad"
por fuerza ha d estar frente a otra cosa.

Receta d Navidad

Doce millones d efectos secundarios
7000 toneladas d autoestima
60 megabytes d pantomima
por un milímetro revolucionario.

1 kilowat d afinidades electivas
por centavo d esperma tributario
tres tazas d puré d dinosaurio
un presupuesto anual d siempreviva.

Condimente el espíritu cambiario
con polvo d metal, por cucharada
una caja d alegría programada
y un cajero d sabor funerario.

Agítese, revuelva todo y nada
con un trozo d pan parlamentario
y con un litro d agua destilada
desinfecte el rostro mercenario.

El zoológico revisitado

Una vez q estemos en el zoológico, preguntémonos qué función cumple el logos en esa construcción, espacial y lingüística. Logos es una d esas palabras marcadas a fuego por la relatividad; puede significar discurso, lenguaje, razón, lógica, ciencia, conocimiento...se dice q en la primera versión china d los evangelios, logos fue traducido como tao. Solo con la benevolencia q nos presta la relatividad verbal, zoológico puede ser un enclave dedicado al estudio d los animales. Los "inferiores", es decir.

En realidad, es el porno d la naturaleza, así como lo son Animal Planet y otros modelos d voyeurismo, proyección antropocéntrica y cientificismo masturbatorio, aquel q para satisfacerse no necesita d la participación del otro, solo d su imagen. En los marcos visuales donde son colocados, ya sean jaulas o pantallas d televisión, los otros animales no son participantes sino imágenes. Serán también espejo.

Ya veremos, si queremos verlo, q tampoco la vida humana se ha librado d la ominosa protección d rejas, cerraduras, cadenas y contraseñas. Por no hablar d la jaula mental en q vivimos.

Quienes van al zoológico a divertirse lo hacen desde la protección q les brinda su jaula mental; quienes van al zoológico a compadecerse, también lo hacen desde la protección q les brinda su jaula mental. Tan escaso es el valor q se concede al acto d observar y d observarse q toda expectativa nace y se congela en un cuadro d placer-dolor. Y en el medio, solo aburrimiento o somnolencia.

Si visito a mis parientes los primates, y otros amigos d la infancia, no lo hago para distraerme o disculparme mediante el propio sufrimiento. Si alguna vez fuiste a la cárcel a visitar a un amigo o familiar, t podría preguntar “t divertiste?” O, “qué tal la pasaste?” Fue una “experiencia”?

Sonetos en lingua franca

Enormous theories, ideas d borracho
el matrizaje d todo lo sonido
how do you know, un parche d sentido
un what the fuck d suavitas carpaccio.

Make me a mask, desde el mar galés
the present mouth, la presente boca
forzando il cambio estilo Hernàn Cortex
asks: quién inventó esa cosa loca?

Viva quien vive, abajo bocarriba
bocabajo prepara summer time
más allá no trespassing: siempreviva
mosquita muerta del suspiro en rhyme.

So much for scientific explanation
sois druida simpatikón, so macho
cual Dylan, donde las dan las Thomas:

in terms of ambrosía, psychodelic gazpacho
a falta d Parnaso, the plantation
y en lugar d Odisea, las maromas.

La eficiencia genera deficiencia
la deficiencia, 1 PhD in Mierdology
l'actividad, comezón d la technology
es dormitorio d la inteligencia.

El tropezòdromo d las buenas costumbres
tiene techo d vidrio bullet-proof
hay hologramas dancing on the roof
una choreography d rabia y mansedumbre.

Para ti, para todos, paralímpico
cataplum d sentido, wow, un hombre!
nel mezzo del camin, nadie se asombre
si ha roto el récord d video game olímpico.

Aparato: pompa, desespero,
halitosis civil, dispositivo
defensa posicional, desguazadero

apariencia robótica si vivo
aparatosa happy face si muero
en medio del funeral, un tiovivo.

Come on, se convirtió en payaso serio
tout court, todo cortó, cortó con todo
ce re mo ni al del improperio
el bullshit scenario, grosso modo.

Timón d Atenas al timón
derrapó en Frankfurt the following idea:
para qué aún la poesía?
en medio d tanta rebelión

d los sentidos: Clown Studio d la Filosofía
ex cathedra fast food
a gauche, a droite, depending on the mood
como film d Godard, la parousìa.

Vivre sa vie? Exactly. Sotto voce
allí donde el timón soltó su coche:
"al mundo lo q es del mundo, y al planeta

lo q es del planeta,
para trasumanare no basta una perreta".
Y el payaso s'encarga d la noche.

No ofrecemos erotisme sino higiene
deliverance en pos d sofrosinia:
ingeniería vital. No hay ignominia
en vivir al revés d lo q viene,

lo q post mortem es, lo q entretiene
a costa d lo q ya no se tendrá.
Cabe deshilachar lo q se tiene
para tejer el nudo q no está.

No es lo mismo estar tranquilos q pensar
(fetichismo mental) "Estoy tranquilo"
deliverance en busca d su filo
machete receloso d cortar.

Para escuchar, deliverance, el ruido
musical d la masa acelerada
negociamos un deal con el sonido.

Y con el pródigo dealer d la nada
con el transfuga, help!, más socorrido
deliverance, salvamos la jornada.

Man, escultura d un desastre
pilotes en el fango, arquitectura
let's zeppelin! Y lastre
adán en andanada, caradura.

Burbuja viril, archi-tectònica
"se abrirán las grandes alamedas"
superman gorgojo d'electrónica
un paganini virtual d lo q queda.

Ma non troppo, che cazzo, una silueta
sacro minimalismo d primate
corre, vuela, se arrastra y al combate!
Arcana solidez d la croqueta

humana por si acaso, o porque sí
o por qué no? Efecto dominó
quo vadis, domine? Vado por ahí

vadeo el vaso en q se ahogaba Artaud
ángel d calamina y pachulì
stop acción stop acción stop.

Acariciar las sensaciones como a un pet
el money en el bolsillo: un testículo max
o un clítoris, da igual, se paga un tax
por cada tentazione d la net.

Jet pet, ready get set
es una ópera, prima, del jet lag
o casta diva canta en minimax
o sole mío da contra la net.

Una furtiva lacrima d sed
and cut the crap…

Acariciar el money como a un pet
los testículos saltan como un rap
no t preocupes, prima, tengo un map
para llenar el gap del infranet.

Una furtiva lacrima d sed
and cut the crap…

El purgatorio llama con un set
d percusiòn estilo Supertrack
prima opera mundi,don't forget

q cada vez q luchas por la pax
americana llega como un jet
a dar republiquette y democrack.

Una furtiva lacrima d sed
and cut the crap...

No hacer es tan hermoso como hacer
tal vez no sea exactamente un thriller
ni hay q asociar a un histórico dealer
ni apelar al sentido del deber.

Ser o no ser? En la casa del ser
debajo d la cama, está el majá
no hacer es tan heroico como hacer
tan prometeico! proteico la la la

etcétera, i have a dream, i have a drink
i have, y to have not? También
convida a Sìsifo a permutar d link
y a Cenicienta a abandonar el tren

conmina a Gandhi a detener la rueca
a Warhol a dejar d producir:
el arte, Benjamin, porno gallina clueca

puede, en su cinerama, irse a dormir
y esta canción, song, risa (o mueca)
se contradice en el acto d escribir.

Tú y yo cogen un sol con democratic vistas
paralelos, sufrientes e ignorantes
sube y baja medieval, cual dantes
y beatrices d un splendor autista.

Turistas? Alpinistas? quel diffèrence:
Inferno, Purgatorio, Paradiso
a cada cual Feng Shui d último piso
y una catarsis d posmodern dance.

Cuando miro tus ojos veo en ellos: papaya,
un tulipán antiguo, oxitocina,
aerobics unlimited, morfina:
ante el dolor civil, la patriótica raya.

Seré vulgar, i promise, pasajero
ni teología, ni metafísica, ni ética.
Fosforescente Azul reguetonero

deconstruction d la fábula estética
con una serenidad d repartero
ir d la idea fija a la frenética.

REPRESORES, REPRIMAN EL INSTINTO
d reprimir. CONTESTATARIO!
CONTESTA, please, sucinto:
Ser o no ser? Se acabó el cuestionario.

Quién puede definir los Greatest Hits d un hombre,
d una mujer, la rueda, un alicate,
un Robert Johnson, un sol, un aguacate?
Gran éxito lo q no tiene nombre.

Quién y dónde provee la democracia
la gracia, la grecia, las especias,
las especies? Gran poder? Falacia.
Poderes, y un despertar sin anestesias.

Recetas queréis, seguramente...

Un Tao Te King d camarones
d la isla, vedas con patata,
Job a la plancha, buda en champiñones,

Sìsifo al quimbombò, Martì y ciabbata
Malcolm X con tostones,
San Juan d la Cruz all' arrabbiata.

Alcatraz eclesiastès, d vuelta a Grecia.
Mi ritrovai, guess what, voice q tenéis
el intelecto sano, con mano suave y recia.
Una voz ulterior, un outer space.

Y todas son la mujer del prójimo!
Una alicia d' esplendor anónimo
aletheia? Looking glass q despeja la praxis
y todas son la mujer del prójimo.

Rubaiyat, rubai yo, rubai y ya?
Solo rubai, solo erre con erre, sol y ya
rápido ruedan los carros, sofrosinia
alcatraz, eclesiastès, rubai, y ya.

Acrobático bios, cromosoma,
desinencia entropía, fantasear:
galaxia, enérgica maroma

protohistoria cinemático mar
sinestesia tectónica broma
oceánico gen poetizar.

Oasis

Ningún chiste hace reír a todo el mundo
ningún oasis da d beber a todos
si el poeta a sí mismo se soborna
con poemas, en la tranquilidad hay un escándalo.
Estoy rodeado d oasis, imaginas
todas las cosas q podría no hacer?

¿Cómo no matar a Pasolini?

En el romano Campo de' Fiori, donde algunos siglos antes Giordano Bruno ardió en la hoguera, el cadáver d Pasolini fue hallado un 2 d noviembre d 1975; inevitable la pregunta acerca d los asesinos d ambos, ¿fueron los mismos? Desde luego, los mismos, q asesinaron a Lorca y Roque Dalton, q dispararon sobre Martí, Pushkin, Zenea y John Lennon, q proscribieron a Khayam, desterraron a Dante, encarcelaron a Hikmet y recluyeron a Artaud, suicidaron a Mayakovsky y a Víctor Jara le cortaron las manos.

La lista d poeticidios es más larga d lo q a la Cultura le convendría admitir, pues, nos guste o no, el asesinato es parte d nuestra tradición; salta a la vista q se trata d una solución cultural, tan antigua y venerable como Cristo, Sócrates y sus respectivas muertes.

"Hemos perdido, ante todo, a un poeta", dijo Alberto Moravia en su oración fúnebre, "y no hay muchos poetas en el mundo, solo tres o cuatro nacen en un siglo!"

D ser cierta la cifra q ofrece Moravia, son asesinados, cíclicamente, más poetas d los q nacen. Y esta no sería la contradicción más grave: la paradoja más intratable con la q hemos d convivir es q, día tras día, la poesía sea asesinada por una civilización q le debe su origen, puesto q sin poiesis no hay conciencia q pueda ser llamada humana.

No se habla aquí d un género literario nombrado "Poesía" q produce aparatos verbales organizados en páginas y libros, al decir d Pasolini,

> ...no hay otra poesía que la acción real
> (tiemblas solo al encontrarla
> en verso, o en páginas de prosa

cuando la evocación es perfecta).

El poeta d hoy "canta acerca de ideas, sistemas de conocimiento y teorías del Estado así como sus predecesores cantaban acerca de ruiseñores y rosas", decía Mandelstam, otro poeta asesinado. Pasolini encartó al Estado, en estructura y superestructura, utilizando las formas tradicionales del verso y el discurso en un gesto q denominó "un tendencioso acto de pasión". Dicho gesto requiere "abolir, en su origen, cualquier forma de posicionalismo", el gregario irse a las manos q aclama y extiende la mediocridad propia con la excusa d oponerse a la mediocridad establecida; implica reconocer (como en el poema "La poesía della tradizione") q luchar contra un mundo en decadencia es el modo mejor d revitalizarlo y q la desobediencia civil es una forma d obediencia prevista por el sistema; éste es un rasgo distintivo del momento actual q Pasolini denomina "prehistoria del neocapitalismo".

La independencia es dolorosa, decía, y él, q fuera llevado a juicio en 33 ocasiones, enjuicia la actuación del Estado, d la sociedad cómplice y d la cultura misma, en fin, el contubernio ideológico entre masa (q Pasolini distingue d "pueblo") y gobierno. Y lo hace señalando "un camino de amor -amor físico y emocional por los fenómenos del mundo, y amor intelectual por su espíritu, la historia: lo cual nos pondrá para siempre 'en nuestros sentimientos, en el punto donde el mundo es renovado'".

Parece Dante, parece San Francesco, parece Bruno, sobre todo parece Pasolini; brindar testimonio acerca d una actualidad q, según el poeta, "no se posee ideológicamente", implica reaprender al arte poético para cantar, incluso, la regresión d la conciencia, la mecanización d la vida mediante televisión e industria y entonces profetizar: "Nuestros hijos se perderán en este futuro por 100, 2000, 10 000, 30 000 años". Apocalíptico? Distópico? Pasolini no escribe para Hollywood, ni su poesía es ciencia ficción. Es más bien ciencia d la transhumanización, idea q ha tomado d Dante: trasumanar, el ascenso d la conciencia humana, "es en realidad organización". Por otra parte, aclara q no es cuestión d organizarse en "organizaciones", es decir, "por fórmulas", sino por una red d significados q están más allá d la palabra. Pasolini propone así una religión del signo, o lo q es lo mismo, d la comunicación. Para comunicarnos con Pasolini desplegamos sus poemas: gracias a ellos, por nuestros hijos, nos organizamos.

El karma se pone d pinga

A David

Los del tercero
quieren colmar el primer mundo con su santa codicia
d estipendios, ilustración y ocio.
Tenemos derecho al chocolate suizo!
el chocolate suizo q viene d Ghana, Nigeria, Camerún
pues cuándo camerún creció cacao en Suiza?
Ya sè, no gustan d'escuchar la llamada "historia del tabaco"
prefieren la d Marlboro Light contada por Netflix en 12 temporadas.
Pero es q el karma se pone d pinga.

Los del primero
con codicia más venerable aun
quieren colmar el tercero con baladas
d balones y balas bulas y bilis:
tenemos derecho a erradicar a los analfabetos!
los q estaban ahí antes del alfabeto
y han perdido el derecho d quedarse en tierra natal
deben emigrar y transmigrar emigrar y transmigrar
d avión en eón d eón en camión en avión
ya sé, les aburre la historia d la migración
d los primates
a menos q la cuente Animal Planet
History Channel
o Chanel.
Pero es q el karma se pone d pinga.

Los del segundo me son desconocidos
hay en verdad un mundo en transición
q no sea ritornello d segundo en segundo?
Tenemos derecho a no existir
salvo como intervalo
d la Era del Miedo a la Era del Palo.
Se hartaron d la historia transitoria
del chocolate del eterno retorno?
pero es q el karma se pone d pinga.

Jehová fue el fundador del 3er Mundo
al expulsar a Adán y Eva del edén
como es costumbre, sin transición alguna
no pasaron por un mundo "en desarrollo"
q entonces no existía
solo el edén y el mundo del trabajo
solo paraíso y esclavitud existen
hace miles d años. Si pueden combinarse?

Of course, es lo q llaman turismo o deporte
o cualquier otra mezcla d placer y opresión, azar y regla,
pasividad y esfuerzo, gracia y estructura, pereza mental
y perspicacia: la lista es larga d efectos secundarios
subproductos, sucedáneos, placebos
y algunas panaceas
siempre a partir d la misma operación:
esclavitud más paraíso.
1er y 3er mundo. Luz y sombra:
las polillas migran hacia la luz
porque el karma se pone d pinga.

Al parecer

el primer mundo fue África, en cuestión d milenios
unos primates emigraron a Europa, quizás huyendo
d otros primates con piedras superiores
quizás todo este asunto no sea más q
una vendetta entre primates? Tal vez
porque el karma se pone d pinga.

Ya q los primates tenemos dificultad en perdonar
(el propio Jehová brindó la pauta)
el tema d los cambios tecnológicos asociados al odio
es recurrente en el vanidoso antropoceno.
Si está en lo correcto Pasolini
y ésta es la prehistoria del neocapitalismo
si Nietzsche tiene razón al ofreceros
un superman q ahora es supermono
stereo hètero
es porque el karma se pone d pinga.

Como otros compuestos, el chocolate suizo
es un mix d'esclavitud y paraíso
compuestos kármicos se les podría llamar
tienen el don d liberar y esclavizar;
así el turismo, en lo físico, esclaviza al entorno
en lo mental, esclaviza al turista a quien ofrece
entertainment, compensación d otras compensaciones
pues ya el trabajo es dádiva por la q hay q rogar
luchar incluso: el derecho a ser esclavo
es el más efectivo d todos los derechos!
Y qué se le ofrece al entorno como compensación?
Alquitrán y cemento, una d las panaceas favoritas
así como arreglar algo q no estaba roto

la industria divide el entorno en compuestos d infierno y paraíso
porque el karma se pone d pinga.

Así como el cacao va del tercer al primer mundo
y regresa convertido en chocolate
así nosotros, si es q regresamos
en qué paquete volvemos, convertidos
en cuál avatar d los primates?
Ciudadanos del mundo? se dice fácil
ciudadanas del mundo las hormigas
somos más bien tránsfugas, transmigrators
en un vaivén d Cristo a Terminator
porque el karma se pone d pinga.

Tal vez fue Ícaro el primer emigrante?
O acaso fue Odiseo el primer turista?
Si un planeta no basta como tierra natal
si la tierra natal no basta como tierra
un millón d mundos se retuercen
en el cráneo d todos los primates
constituido en caja d palabras y números
y es cuando el karma se pone d pinga.

Rebelión y revelación

Vamos al colegio, vamos a estudiar
para que mañana podamos trabajar

Canción supuestamente infantil

La escuela es un servicio público d adaptación. D adaptación a qué? A la intolerancia, la hipocresía, y el abuso d autoridad. Cuando madres y padres transferimos a los niños a la escuela, debemos ser conscientes d lo q hacemos.

Este mínimo acto d consciencia ya contribuye a disminuir el peso muerto con el cual la adaptación escolar recae sobre la consciencia d los niños, quienes, cuando menos, se sienten "acompañados en sus sentimientos", tal como se dice a los dolientes en un funeral. Los niños han perdido el control d su niñez, y eso duele.

Dado q la escuela contribuye por su parte a sepultar ese dolor (q, al verse sepultado, se transforma en rabia, somnolencia, torpeza, "trastorno cognitivo" o del habla, etc), los adultos, al tomar cuenta d él, lo revelamos, lo compartimos transformándolo en otro tipo d adaptación. Indispensable, pues, d cualquier modo, la educación pública es obligatoria e inevitable.

La rebelión, por saludable, y teóricamente recomendable q sea, suele conducir, en la práctica, a enredarse aun más en la telaraña del servicio público d adaptación, q, no pocas veces, sale fortalecido, se podría decir rejuvenecido si no fuera por su sustancial decrepitud.

La revelación sin aspavientos, es otra cosa. No precisa d consideración o prestigio, no es una victoria q pueda convertirse en derrota y q, por tanto, haya q proteger. Revelarse es delicado y, por ende, indestructible.

Write or Wrong

camino junto a los grillos
sin prestarle asunto al asunto d la identidad
write or wrong?
Al atardecer el rio es limpio
canta la lechuza
camino en diagonal y sin propósito
aunque sé q parezco pensativo
sé también q no estoy pensando.

A la manera del I Ching

Regocíjate: no sabes nada!
Eres inocente.
Ahora “culpable” significa “el q inventa la culpa”.

La perseverancia d un hombre oscuro
entre virtudes y concordia
eventualmente llega al Barrio Chino. Gran ventura!

Observar, observarse, observarse observando
observar la ablución antes d la ofrenda.
La observación naif no le sienta bien a la persona educada
observar a escondidas, tampoco. Obsérvalos a distancia.
Observa q t observas porque aun no tienes paz.

La perseverancia d un hombre oscuro
entre virtudes y concordia
eventualmente llega al Barrio Chino.

Oh viento q viajas sobre la tierra
examinas las regiones
y observas a la gente: así las educas.

Revolver no es innovar ni agitarse es crecer

Revolver no es innovar ni agitarse es crecer
para qué fortalecer
este mundo decrépito y brutal
con nuestra resistencia?
Llámese resistencia activa
mejor dicho, actividad d resistencia
los factores y el orden se pueden alterar
el producto permanece inalterado
impertérrito
ni uno solo d sus músculos se mueve
a menos q le brindemos el chance d entrenar
y evitemos así q se anquilose y muera
como se dice, d muerte natural.

Producto "sistema", cartón piedra d los intermediarios
escenario
d la transacción intrascendente
tan arraigada está la mediación
q quien critica al sistema se critica
mas quien se observa
ya empieza a distanciarse del cartonaje
no se siente a gusto entre los muñequitos
no participa en la telenovela del "mundo administrado"
ni festeja los goles d los uniformados
desconfía d los pluralismos, desconfía
d la 1ra persona del plural y desconfía
d una "pluralidad d mundos" q se reduce a 3
como en las olimpiadas: oro, plata y bronce
entonces?

Entonces, hasta cuándo
el amor será instrumento d venganza
y la dulzura objeto para el lucro?

Carta d motivación/Motivation letter

Jinetero is a hustler, jinetera is a whore
i am ninguno d los dos.
Es por ello q quiero adelantar la raza;
d Cecilia Valdès a nuestros días
un solo propósito: amalgamarnos con los europeos
o con los anglosaxons, q viene a ser lo mismo.
Con métodos distintos a la puterìa,
la coquetería, la seducción estilo buen salvaje,
el mimetismo intelectual, la adaptación pre-consciente
pretendo amalgamarme con los vencedores
con el fin d adelantar su raza, no la mía
la mía es superior, ya soy un perdedor
un looser, aquello d lo cual las otras razas
huyen despavoridas, aquello q los fuerza
a fortificar sus casas, alambrar sus parcelas,
desinfectar el aire y el agua q beben,
armarse hasta los dientes y modificar la dentadura.
Con dientes apiñados, manchados y cariados
en risa d primate, espejo soy d las bacterias,
favorito d los escombros, campeón del churre
100% orgánico, Santo Grial d las desilusiones,
palimpsesto d ADN, saltimbanqui d los cromosomas,
uno entre los tártaros d la salsa.
On the other hand, soy graduado d la Poncio Pilatos School
of Manual Arts, d la Third Eye School of Visuals
y d la T. H. C. School of Letters.
Pretendo/ intend
decorar vuestros páramos d nieve

con sutras d ácido úrico
dichos ideogramas son, in fact, hemogramas.
Puedo balbucear en Shakespeare
tararear en Bob Dylan
callar en Rilke
y tartamudear en Dolce Vita Nuova.
"Get to the end of the line", un dios antiguo
en todas las lenguas nos sugiere.

So, that's it.

Historia Antigua (cha cha cha)

El Malecón y la Atlántida se unieron
apocalípsis d ciencia y reguetón
colisionaron al último protón
carnavalesco, y en carnaval se hundieron.

Estudia Historia Antigua, a l´antigua
estudia Historia Antigua, a l´antigua.

La metafísica d todo lo pospuesto
y la gramática del eterno retorno
han dibujado un lumínico contorno
para alumbrar un mundo d repuesto.

Estudia Historia Antigua, a l´antigua
estudia Historia Antigua, a l´antigua.

Héroes decrépitos, colegios d mafiosos,
el egoísmo cooperativizado
nunca se vieron tan frágiles colosos
ni un entusiasmo tan bipolarizado.

Estudia Historia Antigua, a l´antigua
estudia Historia Antigua, a l´antigua.

Cuando las Musas llegaron a la escena
del criminal desastre organizado
dictaminaron: sin glorias y sin pena

cante el poeta según lo estipulado
por la verdad, y a la mentira ajena

le tocará mentir con desenfado.

Estudia Historia Antigua, a l´antigua
estudia Historia Antigua, a l´antigua.

Política

El colmo: importar, como necesidad vital o parte d la canasta básica, la democracia en casa, en familia, ahí donde las costumbres son más antiguas y sanas; no se trata d ninguna edad d oro, arcádica o edénica, sino del simple existir en comunidad q, d una forma u otra, hemos conocido siempre en tanto humanos. No sin razón la familia ha sido censurada, sobre todo desde posiciones democráticas, por funcionar como un tareco arcaico y represivo. Sin embargo, la familia seguirá siendo un hecho natural, y la democracia una construcción, un dispositivo rudimentario d "inteligencia artificial", un logaritmo por el cual nos convertimos, a la larga, en ceros y unos, unos y ceros, según las circunstancias.

Se dice q Atenas es la cuna d la democracia; la democracia es la cuna del infantilismo humano; es, como el coxis o el ombligo, un vestigio, un talismán o, como se dice hoy en día, una mascota, un perro d peluche. Nos recuerda q, en algún momento, fuimos capaces d evolucionar y, dado q no podemos seguir evolucionando bajo su manto, nos sigue protegiendo a cambio d q no la dejemos atrás. Se produce entonces un loop.

Sin el refugio q la democracia nos brinda, nos sentimos incapaces d dar el próximo paso hacia otro tipo d conciencia; a su vez, la permanencia en el corral nos impide siquiera imaginar ese próximo paso: hay q dejar atrás el talismán. El hecho q la política sea no más q un modelo d organización social, ni el único ni el mejor, resulta invisible a muchas personas q aceptan con serenidad las intervenciones d aquella en sus vidas, como hipnotizadas por una especie d monoteísmo; en realidad, la política es una forma d monoteísmo.

Se usan todo tipo d fantasmagóricos pretextos con tal d no aceptar q la política no puede ser instrumento para el crecimiento humano por ser, sencillamente, un sistema parásito d intermediarios, infinito y autónomo, q no sirve a nada ni a nadie más q a sí mismo; al contrario d lo q se piensa y sueña, la política es la estructura egoísta por excelencia. Diseñada para combinar y alternar dictadura y democracia, a la manera d la pareja "policía bueno, policía malo".

La frase chic "el hombre es un animal político" no oculta su estratagema, basta decirla en voz alta y sentir dónde va el acento: el ser humano puede seguir siendo un animal a condición d q esté vacunado, politizado. Al observar o sufrir en carne propia, las animalidades, animalitudes o animaladas características d la política, se advierte q el aparato d domesticación d la vida q llamamos "política" es, del concepto al hecho, un prodigio d inconsistencia.

Se puede cambiar, en la célebre frase, adjetivo por adverbio, añadir un par d comas y mejora muchísimo: el hombre es, políticamente, un animal.

La política es la popularización del delirio d grandeza; su elemento más persuasivo no pertenece al orden d los hechos sino al d los axiomas fantásticos: "todo es política", espantajo coercitivo d estilo panteísta. El sistema solar, la atmósfera terrestre, lluvias, sequías, mareas, tsunamis, cosechas, partos e infartos responden a esquemas políticos universales q los especialistas del ramo nos hacen el favor d interpretar.

Pero esta conclusión d marcado sabor bíblico no es suficiente; no todo el mundo va a dejarse convencer por un razonamiento d naturaleza mística. Es necesario insistir con mandamientos: no volverás tu espalda a la política pues está en en todo lo q t rodea, no la rechazarás pues al rechazarla la afirmas, no tomarás distancia pues t expondrás aun más a ella, no evitarás pronunciarte pues tu silencio es un pronunciamiento. Quedamos entonces listos para recibir el santo grial d este evangelio mafioso, q consiste en la bien conocida extorsión: "aunque no t interese la política y ni siquiera creas en ella, estás bajo su influencia determinante, así q más t vale participar".

Estamos, pues, presos en el circo. Junto al resto d los animales amaestrados esperamos eternamente carta d ciudadanía, lista d derechos y deberes, porque aun cuando todos: elefantes, monos, tigres, cerdos, princesas y payasos sean, d una u otra forma, ciudadanos, nunca se es plenamente ciudadano: siempre hay intereses q pagar, documentos q firmar, leyes q votar, constituciones q derogar; al igual q en la (no tan remota) edad media, el paraíso nunca está donde nos encontramos; al menos, no por mucho tiempo. Es ambulante, como el circo: se mueve d elección en elección, d estado d sitio en estado d sitio, huyendo siempre hacia la guerra.

Exportación

Cual es el primer rubro exportable d la nación? Su propia gente...ni el tabaco, el ron, el níquel o los productos farmacéuticos pueden emular con el volumen d individuos exportados y exportables. Fuga d cerebros? No sólo, se fugan también manos y pies, ojos y oídos, corazones y, consuelo miserable, escapan además muchos estómagos.

Adónde van estos productos humanos? Suelen ir al norte y no se les debe reprochar la orientación: los antiguos primates ya lo hacían, aunque las razones por las cuales se cambia sol por hielo siguen siendo un misterio, sobre todo cuando vemos a los primates del norte bajar a beber mojitos al sol.

Y qué se recibe a cambio d dichos productos? Experiencia, remesas, remesas d experiencias y experiencia en remesas. Mal negocio en cuanto a la existencia: cuándo empezaremos a vivir si no basta nacer en paraísos tropicales a los cuales no les falta ni siquiera el "subdesarrollo" como elemento escenográfico?

Más allá del impulso migratorio q mueve a muchas especies animales, más allá del contubernio d gobiernos locales y extranjeros en la promoción d la estampida, llama la atención el q la huida se convierta en epopeya, q la negación d la tierra natal se transforme en "sentido común", q una histeria mimética se vuelva razón d vida.

Se dice q aquí los jóvenes no tienen futuro, los viejos no tienen presente, los trabajadores manuales no tienen materiales, los virtuales no tienen conexión, los intelectuales no tienen ideas, las amas d casa no encuentran sosiego, las casas sin amo no encuentran comprador, los oportunistas no encuentran oportunidad para dejar d serlo, los artistas no encuentran mecenas, los liberales no encuentran libertad ni encuentran valores los conservadores. A duras penas se encuentran la oferta y la demanda, hermanas gemelas. Tal vez haya ocasión d encontrarse a sí mismos? Tal vez, pero no hay tiempo para tales delicadezas. Hay q partir.

Vayan los peregrinos al santuario d los estereotipos, al relicario d los efectos especiales, al frigorífico d las oportunidades, donde hiberna el futuro en espera d una nueva glaciación.

Balada

Ella me enseña a besar
me enseña a besarla a ella.

Fracasé en las epopeyas
y varias muelas perdí
muelas del juicio final
y ella me enseña a besar
me enseña a besarla a ella.

Cierro los ojos, la vida
cruza como una centella
y ella me enseña a besar
me enseña a besarla a ella.

Mi lengua ya está habituada
a lamer y a tararear
y ella me enseña a besar
me enseña a besarla a ella.

Se derrumbó el paladar
se prendió la buena estrella
y ella me enseña a besar
me enseña a besarla a ella.

Me refiero

Al mundo d los hombres con sus caballos mecánicos
sus tigres eléctricos, sus elefantes plásticos
no hablo d las mujeres, q tienen perfumes transgénicos,
cabelleras elásticas, logaritmos pélvicos, cremas dinámicas
tampoco a los niños, q gozan d relámpagos protéicos,
chocolate encefálico, superhéroes d queso, caramelos trifásicos
ni hablar d los ancianos: andadores sintéticos, inflamaciones mágicas,
sarcófagos magnéticos, próstatas bancarias.
Me refiero específicamente al mundo d los hombres
con sus caballos mecánicos, con sus tigres eléctricos,
sus elefantes plásticos.

En cuanto a mí

En cuanto a mí, me sorprende ser alguien
algo en sí (si vuelvo en mí, o en sol) me sorprende q
d una especie d perchero d palo: lo innombrable!
cuelgue este manto d carne, hueso y pensamiento.
¿Y adónde se dirige? ¿Qué hace en realidad?
si es q "hacer" y "realidad" siquiera existen
me sorprende este espantapájaros "basado en hechos reales"
q más bien quisiera atraer a las aves, sostenerlas.

Forma y contenido

La forma no se impone al impulso del contenido sino q se deja penetrar por él. Si lo q es adentro, es afuera, dónde podría la forma subsistir en tanto q forma? Y el contenido, cómo podría subrayarse sin la ayuda d ese elemento q se presta para anunciar el objetivo d una simbiosis? Una simbiosis anunciada desde siempre. Qué drama el del contenido sin la forma! Qué traición la d la forma sin contenido! Pues, en fin, cuál es el reverso d esta relación? Dónde está trazada la costura? Y quién es el costurero? No, no hay q referirse al "diseñador", he aquì una cuestiòn q mediante la simple observación d una guayaba puede resolverse. No hay nada màs metafìsico q una fruta podrida, la verdadera fruta prohibida cuyo proceso se señala en el silencio d la forma, mientras lo interior clama por los 4 costados. Pero, dada una relaciòn binaria sì-no entre contenido y forma, inevitable en el contexto d la dualidad, cuàndo se efectùa la contradicciòn polar d lo reflejado y su reflejo, d lo expresado y su expresiòn? Y, siempre q esta contradicciòn se efectùe, es salvable? Aspira a lo complementario? El negro contenido en forma blanca; el positivo aspirado y exhalado en negativo; el norte, sur, este y oeste diferenciados en saetas d comprensiòn autònomas y comprimidas en circunferencia, quiénes son, adònde se dirigen? Identifìquense, puesto q identidad es signo d suma sin adiciòn, d resta sin mengua, d multiplicaciòn sin proliferaciòn. Uno màs uno menos uno por uno es igual a uno. Esta informaciòn ùnica q es el cuerpo individual, el pie descalzo, va a parar como polvo a la cafetera d la industria q la transforma en soporte d otras mùltiples formas. La transforma en perchero. El ser humano, maniquì d las ideologìas, soporte inconsciente d las filosofìas, viste una enseña d predilecciones colectivas màs allà d cualquier imperioso requerimiento material. El verdadero espìritu santo es la moda

Acere ego

acere ego què bolà cùbala acàbala cuando en el principio fue y vio q era decidiò no vivir màs d 7 dìas por semana ni menos entonces manumitieron al mono en homo y al amo en mimo matematizò la materia bueno malo malo bueno escala d 2 notas añadiò regular para zanjar la regla semitono eventualmente montuno: regula tu bueno-malo regula tu malobueno muela babuina convertirse en humano lo dejò sin aliento justa mente lo q màs precisaba alentò a sus primates a tomar posiciòn y en càmara lenta lo han hecho hasta hoy todos cometemos errores algunos corrigen todos mueven los pies algunos bailan todos mueven la lengua algunos hablan todos vienen y van algunos viajan todos transpiran algunos aman acere ego renuncias a la voluntad d estilo por el estilo d la voluntad? Supermanga y supermongo ya no quedan planetas abiertos a la superficie han sido subastados por falta d oxìgeno la gratitud es gratis la gratificaciòn es grotesca las entradas para la gruta d Platòn estàn a la venta en todos los estanquillos este reciente sentimiento ha d llegar a alguna parte acere ego ya llegó el pasado no monta llovizna no mueve vapor el futuro no endereza el trueno luz tu chocolate es el gesto naciò poeta el mono "para comerte mejor" naciò spinoza la rosa naciò el toro timbalero imaginosa la nube sublimada lactitud el gesto heroico torero el verbo eròtico error el ceño erròneo el caño rùnico señor porquè me has abandonado pues por miedo soberano del mejor original hebreo y copias en cornucopia ara meo aras meas se acerca el dìa se apresta la miel flores d sangre sobre papel no es andaluz el teatro? para venderlo mejor olvidada encrucijada para retroceder ponga 2 primates en salmuera hasta nuevo aviso evoluciòn deja q suba la marea soy marea.

El lado oscuro d la sexualidad y otros aspectos luminosos d la civilización

Cuando la fruta está madura, sujeta al árbol y a la ley d gravedad, hay algo q puede hacerse para evitar q caiga: arrancarla. Cuando la fruta está madura, sujeta a la mano y a la ley d descomposición, hay algo q puede hacerse para evitar q se pudra: comerla. Cuando la fruta está madura, qué importa si la cáscara es oscura? O dura? No hay fruta futura. Refrigerarla, dices? Cosificarla, generalizarla o generificarla, mercantilizarla o mercachiflicarla, marcarla en concepto, proyecto, precepto d no comerás la fruta madura a menos q quieras adquirir conocimiento. D causa y efecto. Exacto y excepto en casos d violencia o meretrinaje d largo metraje, la fruta conserva frescura en su viaje. Q adónde t traje? A una teoría vacía d toda explicación tardía porque explicar lo oscuro es oscurecer el verbo. Hay porno sin grafía? No la habría: el cuerpo escribe en silencio su propio relato y al rato, tal vez muy al rato, los cuerpos exhalan al aire su garabato, es más, su alfabeto. Ese es el trato. Y grafía sin porno? Es como la ley del eterno retorno, arte no hay al q no suceda la putería, como vaso d agua fría tras la sed d los 6 días d creación. Cuál es entonces el canto d la masturbación? En realidad es un trío d mano, cerebro y órgano, nunca mejor dicho, d resonancia, d vibración. Y en la misma línea del razonamiento, no es acaso toda esta civilización un acto flagrante d masturbación? Illusion, delusion, construction, destruction, gratification and ejaculation, en un acto masivo d procrastination. Qué gran motivation! Qué enorme despliegue d sodomization, gomorrization and gonorreification.

Gloria, pues, a los caídos en el acto ancestral. El chivo tira al monte. D Venus. Y adónde tira Venus, solo Venus lo sabe.

Teología

Dios fue el primer prometeo el primer loco ex profeso el asesino confeso d lo feo. Al matar lo feo hizo la culpa tan bella y buena q la vida tiene penas sin permiso. Dios creó estos paraísos d madera y derivados d compuestos delicados y permisos. Dios creó los compromisos las culpas omnipresentes 7 billones d gentes y permisos. Misterio y magia concisos fertilidad, carestía comienzos y profecías con permiso y sin permiso. Por eso es q tiembla el piso.

Q t vaya viernes

A tu robinsón, a tu dueño y señuelo. Cuando los ebrios se aglutinan en los parques y las esquinas, a señal d los murciélagos; cuando el junkie se peina la melena con l ´aguja d sensaciones industriales. Una y la misma cosa es la droga y la esperanza. Quién no formó prahos d páginas bíblicas? Del directubo telefénico, con páginas d la vida. Del logos. Q t vaya viernes, q t vaya sabbath y domenicus. Y el resto d la semanía. A poco q también t gusta el chocolastre, lo q le gusta todos les gusta a los demás, le gusta a la gente, a la persona. Los q se excluyen quieren ser distintos para quedar iguales. Sabor a mí, tanto tiempo disfrutaste. Tres tipos hay: el dragadictum, el tragaducto y el drogadocto, los últimos serán los primeros. Frente al televisorry se agrupan todos los seres para reverenciar al señor d los Ejércitos y el miedo a la muerte engendra asesinato. Sin pecado concebido, distribuido. New packet. Original del yerro. Será peyote, será cannabis, o psilocibes. Tú no lo sabes? Todas las drogas en su momento perseguidas. Seguidas per se. Separarás la paja del trigo. Y vio q la paja era buena. Poja! Q t vaya bienes raíces, biones reacios, babilones. D qué hablábamos? Mucho gusto, el placebo es mío. En cuanto a los símbalos religiosos o a cualquier otra clase d simbalogía q aviene under the influence: mandalas, mondongos, merengues d varios colores (no solo blancos q es el color d la puteza), kalidoscopios, balidoscopios e incluso malidoscopios, pues concurren desde diversos puntos del universo, valga la repugnancia, justo es decir q, si bien la persecución estuviera histéricamente justofuscada, darwinianamente estólida como un mamut d premio noble, a todos los defectos d la postura científica, drogarse no es menos, si más, q dragarse el cerebelo con transistores y otros trastos transidos d transición. Paja. En todo su manoseo d mastupición, la religiosería –por no hablar d la supersdicción y otras leyes ad usum delphini (emitidas cuando los niños aún no estaban en acuarios) revela, cual intoxicante zarza ardiente, los sentidos ocultos d la dominadera. Ya no tan ocultos, ni tan cultos, aunque dieran pie y patada a la erección del culto. Erigidos fueron, o tempora o moros, los cristianos como piedra d toque en el arroz secular, sepulcral, semper pulcra; y hasta hoy, con ayuda d dios, Osinel! Alelucha! presigue la policía a la embriaguez como el perro la liebre la yerba el rocío serpiente q muerde la cola d San Nosequién, el culo d tanto nosocomio errante q, en el planeta, gira en busca *de una definición mejor*.

Un espléndido malumor. Rumba sinàptica

Indefinido dolor
en los bordes del decoro
mamà, mamà, yo no lloro:
me pongo d malumor.

Un honorable traidor
a ideales q deploro
mamà, mamà, yo no lloro:
me pongo d malumor.

El divertido terror
esparce links en el foro
mamà, mamà, yo no lloro:
me pongo d malumor.

Al depreciarse el candor
aumenta el precio del oro
mamà, mamà, yo no lloro:
me pongo d malumor.
El q quiera ser cantor
tiene q salir del coro
mamà, mamà, yo no lloro:
me pongo d malumor.

Victoria del mal olor
en olimpiadas: me atoro
bacanales del sabor
en la calzada: me azoro
un paso màs, campeador
hasta donde diga el moro

pido asilo en el amor
y repito como un loro
mamà, mamà, yo no lloro:
me pongo d malumor.

No tengo musa

Retumban los tambores en la plaza
no sé porqué razón, ellos tampoco
how I wish you were here, me vuelvo loco
por un rato, luego se me pasa.

No tengo musa, no tengo rendimiento
ni productividad ni residencia
ni visibilidad ni resiliencia
q ofrecer a la fashion del momento.

No tengo musa, cojones comprendéis?
Tengo carnet d salud, d biblioteca
tengo empadronamiento y enoteca
en Gracia batucada hasta las seis.

En fin, tengo museo pero no tengo musa
en cambio hay bombardeo y avalanchas
d lodo, d fake news y d productos
navideños, ofertas y usufructos
para sentirme asediado y a mis anchas.
No me quejo, total, no tengo musa.

Printed in Poland
by Amazon Fulfillment
Poland Sp. z o.o., Wrocław